Frieder R. I. Kudis

SPUREN IM GARTEN

Völkersbacher Impressionen

ARNIM OTTO VERLAG

Titelbild: Ein Werk von *Helmut Lingg* aus dem Jahre 1982 : „Herbst im Karlsruher Schloßgarten"

Die Deutsche Bibliothek - CIP Einheitsaufnahme

Kudis, Frieder R.I.: **Spuren im Garten** / Frieder R.I.Kudis. - Offenbach am Main: Otto, 2001
(Buchreihe „Geschenk-Buch-Idee")

ISBN 3-933116-74-0

Frieder R. I. Kudis
SPUREN IM GARTEN
Buchreihe *Geschenk-Buch-Idee*
Zweite Auflage 2002
ARNIM OTTO VERLAG
Postfach 10 14 61 - 63014 Offenbach am Main
Tel 069 / 84 49 01 - Fax 069 / 83 61 33
e-mail: OttoVerlag@gmx.de
Herstellung:
Printcom-Druck, Erlangen
Printed in Germany, 2002

ISBN 3-933116-74-0

Frieder R. I. Kudis

SPUREN IM GARTEN

Völkersbacher Impressionen

SPUREN IM GARTEN

Völkersbacher Impressionen

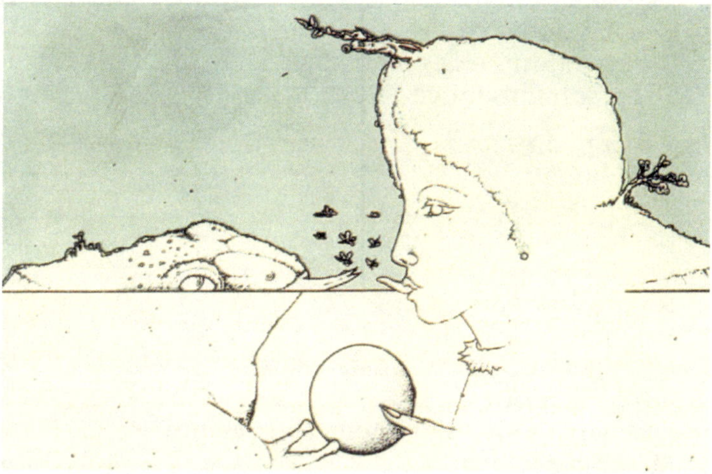

Albert Schindehütte : „FroschPrinzessin“, 1991

Inhalt

Für Darius, David, Lars,
Anna – Lena, Julia, Sabrina,
Oskar Glasstetter,
Brana Homberger,
Jakup, den gärtnernden
Odysseus,
das Kind von Charlotte
Salomon
und die jungen und alten
Kinder
dieser unserer Erde nach dem
11. September 2001

Ráno v mojej chladnej záhrade
posledná veta spánku
(Morgens in meinem kühlen Garten
des Schlafes letzter Satz)

Mila Haugová in „Sandatlas"

Wunderlich ist' s mit Gewächsen und Blumen,
welchen bestimmt ist,
innerhalb eines einzigen Jahres,
ja weniger Monde,
alle Stufen des Lebens zu gehen
vom Keim bis zum Tode!

Hermann Hesse in „Stunden im Garten"

. . . mais il faut cultiver notre jardin.
(. . . Es geht darum, daß wir unseren Garten bebauen und bewahren.)

Voltaire in „Candide"

Inseltraum am Waldmeersaum

Rodungsinsel himmeloffen, Volchersbahe.
Friedliche Landnahme über den Bergwald hinaus,
ohne Schwert und Spieß. Fern am Horizont,
dort in Karlsruhe, klein die Pyramide. –
Völkersbach, du licht im Wald aufgefunden,
Aufenthalt am Waldmeerstrand. Inselland.

Betrachte ich Völkersbach und seine Umgebung, so kommen mir Worte in den Sinn, die Pfarrer Kosegarten (1758 - 1818) - viele Jahre war er Pfarrer in Altenkirchen auf der Insel Rügen - in seinen 1794 veröffentlichten „Briefen eines Schiffbrüchigen“ den Pfarrer von Altenkirchen aussprechen läßt: „Jetzt sind mir die Würfel gefallen. Und wohl mir, dem die Hand der Vorsehung sie so lieblich fallen ließ! Dieser Himmel, diese Erde, dieses Ufer, dieses Meer und der volle stille Totaleindruck dieses erhabenen Ganzen, wird meine Seele ohne Zweifel immer mehr sich assimilieren, wird ihre noch übrigen Mißlaute in immer reineren Einklang stimmen, wird ihre noch unbefriedigten Wünsche bis zu einer anderen Daseinsperiode beschwichtigen, und solchergestalt immer reifer, immer fähiger und würdiger machen, aus dieser sichtbaren Welt hinüber zu schreiten in jene unsichtbare ...“

I. DER ALTE GARTEN MEIN

- Eindrücke aus den Jahreszeiten -

Elementares

Für Jochen Klepper (1903-1942)

I

Erde du, trage mich wie eine Frucht,
Luft du, beatme mich Wandrer, der sucht,
Wasser du, labe mich in Wüstenstunden,
Feuer du, läutre mich, im Sand gefunden.

II

Du zeigst mir Fischlein als der Fisch
den Weg im Fluß der Zeiten,
und als die Taube seh' ich dich
stets meinen Flug geleiten,
im Wetterleuchten ahne ich
dein väterliches Walten,
im Schoß der Erde wirst du mich
mütterlich neu gestalten.

Frühling

Laß die Augen weiden auf der Augen Weide

Für Arnold Stadler

Herzfels

Jesu meine Freude,
Herzfels, Augenweide –
woraus geworden ich und du,
sei unser Himmel, schenke Ruh.

Laß die Augen weiden auf der Augen Weide,
freue dich des Rösleins auf der Heide,
laß die Sinne aus dem Haus,
laß sie in die Welt hinaus,
laß sie an der Welt sich freun,
laß dich auf die Welt ganz ein,
laß, o laß mich, Welt, so sein!

Das Rotkehlchen

Für Franz von Assisi
und Antonius von Padua

Ein Rotkehlchen, das wollte baden,
wollt' plantschen, tauchen; ohne Schaden
gelang es ihm, sich zu erfrischen
im Teiche bei den roten Fischen.

Osterspaziergang 2001

„Vom Eise befreit sind Strom und Bäche
durch des Frühlings holden, belebenden Blick;
im Tale grünet Hoffnungsglück!
. . .
Jeder sonnt sich heute so gern;
sie feiern die Auferstehung des Herrn,
denn sie sind selber auferstanden . . .“

Der Osterspaziergang, von dem Goethes „Faust“ spricht, wurde in diesem Jahr in Völkersbach und anderswo zu einem Winterspaziergang.

Vereist und verschneit sind Strom und Bäche
durch des Winters weise verbergenden Blick.
Dem Auge grünt kein Hoffnungsglück.
Der alte Winter, ganz ohne Schwäche
eilt er von fernen Bergen zurück,
bewirft er, bedeckt er die Natur
mit mächtigen Schauern körnigen Eises
und hüllt in Schlaf um uns her Wald und Flur.
Aber im Schlummer wirket ein Leises
- Goethe nannte es Bildung und Streben -,
es keimt im Stillen. Du wirst es erleben.

Besuch im Teich

An einem Abend paddelte vor wenigen Tagen plötzlich ein Stockentenpaar im Gartenteich. „Köpfchen in das Wasser“ gründelten sie. Der Erpel mit dunkelgrünem Kopf, weißem Halsring, rotbrauner Brust, graubraunem Rücken und hellgrauer Unterseite – unscheinbar das Weibchen. Bisweilen watschelten sie unbeholfen an Land. Nach zwei Stunden waren sie wieder verschwunden.

Zwei Tage später kamen die beiden zurück. Während sie im Teich schwammen, umschlich sie eine Katze. Als die Enten an Land gehen wollten, versuchte die Katze, ihnen an die Federn zu gehen. Da starteten die beiden Enten aus dem Stand zum Steilflug. Die Katze aber schlich rund um den See und prüfte immer wieder, mit einer Vorderpfote ins Wasser tastend, ob sie wohl lernen könne, wie die Enten zu schwimmen.

Ich erinnere mich an ein Entenpaar, das jahrelang im Sommer im Wildsee bei Kaltenbronn lebte. Auf dem Flug hinauf ins Hochmoor machten sie in einem über dem Murgtal in Reichental liegenden Forellenteich Rast, bevor sie die Reise in ihre Sommerresidenz fortsetzten.

Blumen

(Ein Tischgebet)

Ausgebombte Keller-Kinder,
Blumen auf dem kargen Tisch. –
Der Zerstörung Überwinder,
hilf du uns zu Brot und Fisch.

Gespräch mit Jaime Siles

Für Roswitha Th. Heiderhoff

Wir sind zum wechselseitigen Gespräch geboren.
Philipp Schwartzerdt, genannt Melanchthon (1497-1560)

Du bist Mensch. – Bist du Mensch?
(se puede ser una azucena)
Man kann eine Lilie sein.
Sei eine Lilie auf dem Felde. –
Sei ein Vogel unter dem Himmel.
(hay latidos de sangre
resueltos en alondras)
Ein Pulsen des Blutes gibt es,
das sich in Lerchen löst.
Sei eine Lerche.
(palabras indecisas al borde
de los labios)
Unentschlossene Worte am
Rand der Lippen
knospen, blühen auf –
fliegen auf und nicht davon.
(intentos sin acción
durmiendo entre los dedos)
Tatenlose Vorsätze zwischen
den Fingern schlummernd
erwachen, setzen sich ein.

Nun lebst du –
Mensch und Lilie und Lerche
du bist.

Sommer

Grünlinge

(Carduelis chloris, Greenfinch, Verdier d' Europe)

Olivgrün mit gelbgrünem Bürzel
und gelb an Flügeln und Schwanz,
auf rötlich fleischfarbenen Füßchen,
so kommen wir zahlreich zum Tanz.
Welle um Welle, schnell klingelnd,
der kräftige Schnabel weiß,
gedeckte Tische zu finden –
Verdier d' Europe ich heiß.

Die Amsel

Der große dunkle Vogel
wippt dem Teich entgegen,
steigt über Steine ein zum Bad.
Verwegen plantscht er und taucht,
silbern das Wasser spritzt,
bis er schwarzglänzenden Gefieders
hoch in der Birke sitzt.

Nächtliche Begegnung

Ich trete suchend an den dunklen Teich –
da steigt sie rudernd auf aus ihrem Reich,
hält kräftig schwimmend auf das Ufer zu
und kommt ganz nah auf einem Stein zur Ruh.
Und ihre Augen lassen mich begegnen
dem alten Gruß: „Ich will dich segnen."

Der junge Igel

Auf einer Wiese, frisch gepflegt,
hat sich ein Igel hingelegt.
Und er genießt hier voller Wonne
zwischen zwei Regen kurz die Sonne.
Als sich die Sonne dann versteckt,
hat dies den Igel aufgeweckt.
Er steht und geht, er äugt und fällt,
erfährt so langsam ein Stück Welt.
Noch jung und klein, fast kein Gewicht,
vom Leben er sich viel verspricht.
Die reife Beere, ihm gepflückt,
er läßt sie liegen und verdrückt
sich ins Gebüsch und ist verschwunden –
vorüber sind die Mittagsstunden.

Rhätischer Mohn

Für G.

Aus seinen Knospen,
dunklen Ampeln gleich,
entfaltet sich,
hoch aufgerichtet,
fast knisternd,
seidig
Blütenglühn.

Selbstgespräch eines jungen Spechts

Benommen sitz ich auf der Treppe,
im Schnabel zittert Federflaum.
Wenn ich doch etwas Wasser hätte !
Da tropft es schon. Und wie im Traum
lockt mich die frische, feuchte Kühle.
Ich schlucke, bis ich wach mich fühle.
Kurz häng ich senkrecht an der Wand –
dann flieg ich auf ins Sommerland.

Quengel und die Blindschleiche

Quengel, die Katze, eilte durch den Garten, eine Blindschleiche zwischen den Zähnen. Eine Blindchleiche, ein offiziell geschütztes Leben; Im Lateinischen heißt sie anguis fragilis (= zerbrechliche, gebrechliche Schlange). Nach langer Zeit tauchte Quengel wieder auf. Immer noch trug sie die erbeutete Blindschleiche mit sich. Ich streute Brekkies aus, hörbar fielen sie auf die Steine. Quengel war sichtlich hin und her gerissen. Dann ließ sie die Blindschleiche fallen und zerbiß und verschluckte die Brekkies. Währenddessen erbeutete ich die Blindschleiche, trug sie auf einen sonnenerwärmten Sandsteinfelsen. Dort lag sie unbeweglich, bis ich sie mit Wasser aus der Gießkanne besprühte. Langsam begann da das Tier zu züngeln und schlängelte sich schließlich davon, noch bevor es von Quengel erneut gefunden wurde.

Junge Amseln

Inzwischen ist das Nest im Fliederbusch jenseits des Gartenteichs leer. Längere Zeit wurden hier drei stets hungrige junge Amseln von ihren Eltern gefüttert und auch erfolgreich gegen Elstern verteidigt. Auf einem Baumstumpf sitzt nun eines der Jungen und sperrt weiterhin Futter heischend den Schnabel für die alten Futterlieferanten auf. Dann flattert es ins Gras und hüpft durch den Zaun zum Nachbarn. Ein von der Katze zerzaustes Amseljunges setze ich am Abend auf die Nadeln eines Zweigs hoch über der Erde. Dort bleibt es die ganze Nacht hindurch sitzen, kotet den Zweig weiß an. Verletzungen kann ich nicht erkennen. Auf den Balkon umgesiedelt, öffnet es für Wassertropfen und bei Versuchen, es zu füttern, weit den Schnabel, setzt auch zu einigen hellen Tönen an – liegt aber am Nachmittag tot auf dem Rücken.

Eilig trippeln jenseits des Gartenteichs zwei alte und zwei junge Amseln vorüber. Ihr Leben geht weiter.

Libellen
– eine unendliche Geschichte

Dem Wasser, dem Panzer entstiegen –
bereit nun, zu fliegen.

Schon lange hängen im Grün des Schilfs und der gelben Wasserschwertlilien leere Libellenlarvenpanzer – „Mumien“ – wie kleine Ritterrüstungen über dem Teich. Gestern sah ich eine große Libelle unbewegt sitzen und ihre Flügel strecken. Und bald – mit diesem Bild im Auge – entdeckte ich eine zweite, eine dritte Libelle, es wurden immer mehr ... Sechs Libellen sah ich gestern sitzen. Über Nacht sind sie verschwunden.

Heute in der Frühe – es ist Mitte Juli – fällt mir eine Libellenlarve auf. Sie ist aus dem Wasser aufgestiegen, hat sich an einem Blatt festgekrallt und zuckt mit dem Hinterleib. Dann Erstarren. In der Haut der Larve, die in wenigen Minuten zur „Mumie“ austrocknet, bereitet sich das Schlüpfen der Libelle, der Imago vor. Da! Zwischen den Flügelscheiden auf dem Rücken der Larve reißt die Haut; es zeigen sich Kopf, Brust, ein Vorderbein der schlüpfenden Libelle, dann noch ein Vorderbein. Wie Geisterhände tasten die Beinelemente sich verfestigend um sich. Die dünnen weißen Fäden, die sich zwischen der Brust des Insektes und der Larvenhaut span-

nen, sind die abgestoßenen Auskleidungen der neuen Atemwege. Atmete die Libelle als Wassertier (Larve) durch den Darm, so nun als Lufttier (Imago) durch die Brusttracheen. Ein weiteres Beinpaar, ein drittes, die vier noch winzig gefalteten Flügel und ein Teil des Leibes – doch nicht der Hinterleib – verlassen die Mumie. Mit dem Hinterleib noch in der Mumie verankert, hängt das Halbgeschlüpfte etwa eine halbe Stunde kopfabwärts. In dieser Zeit strecken, kräftigen, festigen sich die Beine. Bald sind sie überlebenswichtig.
Plötzlich, blitzartig, mit einem einzigen Ruck schnellt sich das Wesen so um sich selbst nach oben, daß es während des Umschwungs sich mit dem Beinen oben an der Larvenhaut festkrallt und gleichzeitig den Hinterleib aus der Larvenhaut heraus nach unten reißt. Geduldiges Beobachten macht es möglich, sowohl diesen Moment olympiareifer Schleuderakrobatik als auch, was nun folgt, photographisch festzuhalten.
„Gut geschlüpft ist erst halb gewonnen", schreibt Gerhard Sturm in „Leben am Wasser". Und fährt dann fort: „Noch müssen die Flügel entfaltet werden. Vorerst stehen die künftigen Flugorgane als winzige Stummel vom Körper ab. Ihr Anblick erinnert an die zerknüllten Blütenblätter im Innern einer Mohnknospe. Unter starkem Druck wird jetzt Blut durch die Flügeladern gepreßt" – man kann zusehen, wie die hauchdünnen Mem-

brane sich langsam dehnen und strecken, bis die Flügel ihre volle Länge und Breite erreicht haben. Wenn sich dann die noch stark ineinandergeschobenen Segmente des Hinterleibs gestreckt haben, Wasser durch den Darm abgegeben worden ist und die zunächst milchig-trüben Flügel durchsichtig geworden sind, breitet die Libelle ihre Flügel aus und hängt sich zum Trocknen in Luft und Sonne.

Mehr als sechs Stunden sind vergangen. Da hebt die Libelle ab, fliegt – wenn auch noch unsicher, aber sie fliegt – auf und davon. Sitzen sah ich gestern sechs Libellen, die siebte, heute, sah ich werden.

Noch sind nicht veraltet die Worte der Psalmdichter: „Ich danke dir dafür, daß ich wunderbar gemacht bin, wunderbar sind deine Werke, das erkennt meine Seele . . . Ich sinne über alle deine Werke . . .“ (Psalm 139, 14; 77, 13)

Tage sind vergangen. Da begegne ich der achten Libelle. Diese Begegnung trifft mich wie ein Schock. Strampelnd hängt die achte Libelle kopfabwärts aus der Mumie, drei erschlaffte Flügel, ein geknickter Leib, der vierte Flügel ist in der Mumie hängengeblieben. „. . . wie Ton in des Töpfers Hand . . .“ (Jeremia 18, 6) Mißraten. Da ist sie wieder, die alte Frage: Der Schöpfer als Töpfer, bisweilen ein Stümper? „Ich sinne über alle deine Werke . . .“ Die Welt, sie ist kein Paradies. Die bohrende Frage bleibt. Aber auch das Staunen bleibt. Und es bleibt angesichts der siebten und der achten Libelle die Hoffnung, von der das Lob der Liebe (1. Korinther 13) spricht, die Hoffnung auf ein „dann“: „. . . d a n n werde ich erkennen, wie ich erkannt bin. N u n aber bleibt Glaube, Hoffnung, Liebe, diese drei; aber die Liebe ist die größte unter ihnen.“

Seit ich die geschilderten Beobachtungen gemacht habe, sind noch viele Libellen geschlüpft und später aufgeflogen. Manche kommen zurück, jagen über den Teich, legen Eier ab . . .
„Kleine Waage“ bedeutet ihr aus dem Lateinischen gekommener Name. „Kleine Waage“ – weil sie mit waagerecht ausgespannten Flügeln schwirrend an einer Stelle in der Luft verharren können.

Metamorphosen

Es sei besiegelt.
Nicht eingeigelt,
nicht abgeriegelt,
nein,
aufgewiegelt
lerne hoffen
frei und offen.
Trug der Glaube
dich als Raupe –
Falter,
übe,
fliege
Liebe.

Unterwegs mit der Huschspinne

Im Garten hat eine weiße Huschspinne ein Geißblatt zu einer Nesttüte verklebt und es – wie einen Fesselballon an Seilen - mit Fäden über einem Grundblatt befestigt. Ameisen steigen an der Pflanze auf und ab und schneiden sich Teile aus den Blättern. Hinter einem an die Hauswand geklebten Blatt haust eine Ohrwurmkolonie.
Eine Zebra–Springspinne – in der Hochzeitszeit „tanzt" das Männchen vor dem Weibchen – jagt in Sprüngen über die Blätter.

Plötzlich ist über Nacht die Huschspinne verschwunden. Ich finde sie wieder auf einer der weit geöffneten gelben Blüten des zwei Meter vom Geißblatt entfernten „Mädchenauges". Hier fängt sie ihre Beute. An den benachbarten Blüten entdecke ich eine kleinere Huschspinne – und eine ganz kleine. Aus der dunklen Knospe einer Mädchenaugenblüte lugt gelb der Rand eines Blütenblattes hervor; schon wird es von einer herbeieilenden Ameise beschnitten. Nach wenigen Tagen hat die große Huschspinne, die auf dem Geißblatt weiß gewesen war, sich in ihrer Farbe dem Mädchenauge angepaßt - und ist gelb geworden. Nun sitzt sie bei Sonne auf einer der Mädchenaugenblüten und bei Regen darunter.

Tagelang habe ich die Huschspinne vermißt. Da erklimmt sie wieder die Windungen des Geißblattes, dieser Pflanze, aus der William Morris (1834-1896) eines seiner berühmten Tapetenmuster („honeysuckle") gestaltet hat. Vorbei an Wandkankern (auch „Schneider" genannt) und Feldheuschrecken steigt die Spinne bis in die oberste Spitze der Pflanze. Dort spinnt sie ein Fadenbündel und läßt es so lange durch die Luft wehen bis es hoch oben an der Hauswand unter der Holzverkleidung des Balkons Halt findet und haften bleibt. An dieser selbstgesponnenen Seilbahn hangelt sich der Spinnmeister weg von der Pflanze hinauf bis zum Balkon. Der Ausflug findet ein jähes Ende, indem die Huschspinne – einer größeren Spinne ins verborgene Gehege geraten – sich blitzschnell am eigenen Faden fallen läßt.

Zeuge weiterer Unternehmungen des wagemutigen Tieres bin ich seither nicht mehr geworden.

Gestern – heute – morgen

Gestern zur Nacht
trippelnde Igel schnauften, keuchten –
aus dunklem Schacht
tief Salamanderfeuerleuchten.

Fanden sich gestern Laute,
rätselhaft unvertraute,
fanden sich heute Farben,
leuchtend wie Erntegarben,
im Sommergarten ein –
was wird morgen,
noch verborgen,
was wird im Winter sein?

Sonnenfinsternis

. . . und es wurde mir bewußt,
daß ich der einzige Zuhörer war:
ein kleiner Häftling und zwar
für knappe zwei Minuten
Walter Kempowski

Seht ihr den Mond dort stehen?
Er ist nur halb zu sehen
und ist doch rund und schön.
So sind wohl manche Sachen,
die wir getrost belachen,
weil unsre Augen sie nicht sehn.

(Sätze aus dem Abendlied „Der Mond ist aufgegangen . . .“
Aufgezeichnet von Matthias Claudius vor 220 Jahren)

Seht ihr die Sonne stehen?
Sie ist nicht mehr zu sehen
und ist doch da – und schön.
So sind gar manche Sachen,
die höhnisch wir verlachen,
weil wir sie wissenschaftlich nicht verstehn.

(Sätze, am 11.August 1999 zwischen 12 Uhr 32 und 12 Uhr 34 aufgezeichnet während der Sonnenfinsternis.)

Ein Lebenstraum

Für Paul Gerhardt (1609-1676)

Gib Du in Deinem Garten Raum
für jedes Menschen Lebensbaum,
zu grünen und zu blühen.
Und kommt herbei die Erntezeit,
mach uns zu Deinem Fest bereit,
laß uns vor Freude glühen.

Herbst

Unfreiwillig geschmückter Besuch

Tagsüber ist der seltene Gast unsichtbar. Aber am Abend läßt er sich am Teichrand an geschützter Stelle gut beobachten. Ein Springfrosch (rana dalmatina) – auch er „ein Gast auf Erden“. Wenn er will, kann er einen Meter hoch und zwei Meter weit springen. Doch nun sitzt er unbeweglich am Teich, bräunlich, mit dunkel beringten Beinen, hinter den Augen tiefdunkle „Bartkoteletten“. Unfreiwillig ist er nach dem Auftauchen aus dem Teich über den Augen und auf dem Rücken grün geschmückt. Mit Wasserlinsen, Entengrütze, Entenflott.

Rotkehlchen, Feuersalamander, Katzen und Igel miteinander . . .

Nachts warten Brekkies vor der Zimmertür, die zum Garten führt, auf den Besuch hungriger Katzen aus der Nachbarschaft. Morgens sind die Brekkies verschwunden. In diesen Rhythmus ist seit einiger Zeit Bewegung gekommen. Zunächst stellte sich an mehreren Abenden ein ausgewachsener Feuersalamander ein. Ob er sich die kleinen Brekkiessplitter schnappte? Dann kamen die Igel, klein, größer, groß; eins, zwei, drei. Mit Heißhunger zerbeißen sie die Brekkies und fressen sie den Katzen weg. Bisweilen stößt ein Igel den anderen unsanft beiseite – fauchend; manchmal nimmt dann der eine vor dem anderen Reißaus – oder rollt sich einfach zur Kugel. Einer hat die Stufe hinein ins warme Zimmer erklommen und läßt sich nur mit Mühe wieder in den Garten bringen, prüft eine Kiste voller Laub, ob sich dort bleiben läßt. Katzen machen um die fressenden oder zur Kugel geschlossenen Igel einen Bogen oder sie springen auf Gartenstühle und dösen vor sich hin.

In der Zoohandlung habe ich Igelfutter gekauft; aber den Igeln schmecken die Brekkies besser. Vom Igelfutter holen sich Rotkehlchen und Amsel ihr Frühstück. Und eine Katze hat auf einem der Gartenstühle die Tüte mit dem Vogelfutter entdeckt, sie geöffnet und den Inhalt geprüft.

Ich hoffe, die Igel werden bald – brekkiesgenährt – den Winter gut überschlafen, die Katzen werden die Brekkies dann wieder für sich allein haben, und das Rotkehlchen wie auch die anderen Vögel werden zum Vogelfutter im Futterhäuschen zurückkehren.

Das Spinnennest

Siehst du im Gras die dunkle Blüte dort?
Berührtst du sie, so ist sie plötzlich fort!
Die Blüte ward zu goldnen Splittern,
ringsum sie an den Gräsern zittern.
Ein Luftzug im Vorüberwehn
läßt sie mit ihm auf Reisen gehen.
Über den Teich in Schilf und Baum
weht es schwarzgolden wie ein Traum.
Ein kleines Stück,
ein großes Stück;
nicht jeden bringt die Nacht zurück. –
Am Morgen ist die Blüte wieder da,
doch heute kleiner als sie gestern war.

Und wieder splittern
und wieder zittern
und wieder wehen,
auf Reisen gehen
ein kleines Stück,
ein großes Stück;
nicht jeden bringt die Nacht zurück. –
Am Morgen ist die Blüte wieder da,
doch nun noch kleiner als sie gestern war.

Noch einmal splittern,
noch einmal zittern,
noch einmal wehen,
auf Reisen gehen
ein kleines Stück,
ein großes Stück;
nicht jeden bringt die Nacht zurück. –
Am Morgen ist die Blüte nicht mehr da,
die gestern und vorgestern doch noch war.

Ausgezogen,
ausgeflogen,
aus dem Nest
der letzte Rest
der jungen Spinnenschar,
die hier versammelt war.

Sonniger Herbsttag

Welle um Welle
strandet vor mir

immer wieder
sucht und sucht
ein später Falter
den Frühling
in meinem Bart

Die fünf Sinne

I

Schmetterlingstanz.
Lavendelduft.
Bienensummen.

Spürst du,
wie sie
Honig tragen
auf die Zunge?

II

Herbstlärchenduft rings
träger Wellenschlag
die Felsen sonnenwarm
und lange Schatten

schon schmeckt der Abend kühl

Nachtkerze und Prachtwinde

Für Albrecht Goes (22.3.1908 – 23.2.2000)
und Claus Westermann (7.10.1909 - 11.6.2000)

Nur eine Nacht,
vom Abend bis zum morgen,
duftet gar herb
und leuchtet gelb
die Nachtkerze –
tiefblau
die Prachtwinde,
vom Morgen bis zum Abend,
nur einen Tag.

Aufblühend,
welkend,
sprechen sie
mit mir –
bewußt
beginne ich,
zu blühen
und zu welken,
Tag und Nacht.

Wasserhyazinthen

Tödlich traf einst beim Diskusspiel
den Knaben Hyazinth Apoll, der Gott.
Auf wuchs es blühend, als der Knabe fiel. –
Von Gott getroffen, wandelt uns der Tod.

Auf flammt es honiggelb,
züngelt in Blau.

Blaßviolette Blüten Hyazinths
antworten segelgleich dem Hauch des Winds,
auf grünem Floß vergehend märchenschwer. –
Da treibt es neu vom andern Ufer her.

Auf flammt es knospend wieder aus dem Grau.
Gelb, Blau.

dann zusammen

Für I. in Erinnerung an
Erich Fried (6.5.1921-22.11.1988)

Im Teiche gespiegelt
Herbstsonne ohne dich

Langsam erkaltendes Licht
auf der Veranda ohne dich
Und im Zimmer die Bücher
in der Küche der ziehende Tee
ohne dich
und die Schauinslandstraße
auf der ich noch einmal
zum „Schlößle“ gehe
und zurück
in das Haus ohne dich

Nun Nachdenken
nun Ausruhen
ohne dich

Kummer lernen
Er wird nicht der einzige sein
Herbst lernen
Frösteln lernen
Ins Tal schauen
ohne dich
. . . und ob ich schon wanderte
im finstern Tal . . .
ohne dich dann
zusammen mit dir

22.11.1990

Die Arche, schwer beladen, die Arche ist an Land

Für Günter Kratz, den Freund, nicht
nur der Hasen, der Bienen und der Tauben

Odemskelett, du
Schiff aus Kiel und Rippen –
zu neuen Ufern
trägst du mich ins Ziel.

Und werd ich immer älter –
einst war ich jung und klein,
die Welt wird immer kälter –
einst wärmt' mich Sonnenschein;
herbstlich stehen die Felder
und dunkle Vögel schrein.
Bald fällt Schnee auf die Wälder –
im Haus bei Brot und Wein
werde ich immer älter,
die Welt wird immer kälter –
durch Fenster blickt herein
der alte Garten mein,
lädt wie ein Freund mich ein,
verspricht mir: „Du wirst sein."

Keine Not

In der Hecke
zwischen Beeren
schwarzer Vogel.
Und es nähren
ihn die Beeren
gelb und rot.

Und der erste
Schnee fällt leise
auf den Vogel,
auf die Speise.
Und der Vogel
blickt im Kreise,
pickt sein Brot.

Weiß wolkt Rauch
dem Schnee entgegen.
Leuchtend rollt
der Beerensegen
kehlentgegen.
Keine Not.

Winter

Rauchzeichen

Im Winter wächst die Zahl der rauchenden Kamine auf den Dächern. Auch auf dem Haus, in dem ich wohne, zeigt eine Rauchfahne Leben an und erinnert an Bert Brechts Worte:

> *„Das kleine Haus unter Bäumen am See.*
> *Vom Dach steigt Rauch. Fehlte er, wie*
> *trostlos wären Haus, Bäume und See."*

Lagerbaracken. „Wohnungen des Todes."
Vom Dach steigt Rauch.

> *„Israels Leib im Rauch durch die Luft!"*

Die Worte von Nelly Sachs dürfen neben den Worten von Bert Brecht nicht vergessen werden. –
Es liegt an uns Menschen, ob die Rauchzeichen Zeichen des Lebens oder Zeichen des Todes werden. –

Während ich durch den winterlichen Garten gehe, kristallisiert sich in mir ein Wunsch aus: Rauchmelker möchte ich sein.

Rauchmelker sein

Für Ulla Berkéwicz und Amos Oz

Rauchmelker sein,
Israels Leib im Staub
aus der Luft
ausfiltern, ausfällen –
bis Milch fließt
im Land[1]
und Gerechtigkeit und Friede
sich küssen.[2]

Rauchmelker sein,
Ruachmelker[3] sein,
Bote des Geistes sein
über den Wassern.[4]

12. September 2001

---

1 Jeremia 11,5.
2 Psalm 85,11.
3 „Ruach" ist das hebräische Wort für „Geist".
4 1. Mose 1,2.

Die Katze als Wäscherin

Während der kalten Nacht hatte sich das Wasser in der Wanne im Garten mit einer dünnen Eisschicht überzogen. Gut sichtbar schwammen darunter Herbstblätter. Quengel, die Katze, richtete sich am Wannenrand hoch auf, zerschlug mit den Vorderpfoten das Eis und versuchte aufgeregt das im Wasser treibende Herbstlaub wie Mäuse zu jagen. Dabei griff die Katze bis an beide Schultern mit ihren Vorderpfoten in das Naß. Sie arbeitete wie einst die Wäscherinnen am Waschbrett.

Jahresbeginn

Nebel über dem Land.
Das Licht durchbricht
die Nebelwand.

Der Nebel schwand
über dem Land –
fast wie gebannt
von großer Hand.

Der Blick wird weit,
erkennt die Zeit,
ist zum Wandern bereit.

Singende Fische

Für Christian Morgenstern (1871-1914)

Salomo dichtete von den Bäumen und den Tieren des Landes, von Vögeln, vom Gewürm und von Fischen.
1.Könige 5,13

Ins Eis des Teiches hab' ich mit dem Spaten
zum kalten Wasser tief ein Loch geschlagen.
Schon treibt es langsam – eins, zwei, drei –
Goldfische an das Licht herbei.
Ob sie die Luft, das Klopfen wahrgenommen,
sie kommen äußerst träge angeschwommen.
Sie drehen, mir zur Freude, ein paar Runden
und sind im Tor der Unterwelt verschwunden.
Zurück in meinen Augen bleibt ein Klang;
war, was ich hörte, „Fisches Nachtgesang":

–
◡ ◡
– – –
◡ ◡ ◡ ◡
– – –
◡ ◡ ◡ ◡
– – –
◡ ◡ ◡ ◡
– – –
◡ ◡ ◡ ◡
– – –
◡ ◡
–

Von Christian Morgenstern einst aufgeschrieben,
ist er mir in Erinnerung geblieben.

Der Gimpelbaum

Kalt ist es. Morgendliche Wintersonne. „Im Winde klirren die Fahnen." Warm leuchten rotbäkkige Äpfel in fernen Zweigen. Doch können Äpfel fliegen? Gimpel sind es, ein ganzes Dutzend. Hell leuchten sie in der Sonne. Die Unterseite der Männchen ist „leuchtend röstlich rosenrot", die Oberseite blaugrau, die Kappe auf dem Köpfchen, das Kinn, der kräftige Schnabel, die Flügel und der Schwanz sind schwarz; auf den Flügeln ein weißer Fleck, auch der Bürzel ist weiß. Das Gefieder der Weibchen ist unten rötlichbraun, oben graubraun.

Heute sitzen in den Zweigen wesentlich mehr Männchen als Weibchen. „Gimpel" heißt der Vogel vom mittelhochdeutschen „gumpen" (= hüpfen). Ungeschickt hüpft er auf dem flachen Boden, ist leicht zu fangen. So wurde sein Name auch zur Bezeichnung für Menschen, die sich unachtsam Blößen geben und dadurch leicht übertölpelt werden können. Aber es ist auch schön, wie offen diese Vögel sich heute zeigen. Meist leben sie heimlich, verlassen selten die Deckung; im Winter nur schließen sie sich zu Gruppen zusammen. Auch als „Goldfink, Blutfink, Dompfaff" ist der Gimpel bekannt. „Dompfaff" nannten ihn einst Harzer Vogelhändler wegen seines schwarzen Käppchens.

Nun löst sich die Versammlung auf. Lautlos, wellenförmig fliegen die Vögel davon. Würden sie ihre Stimmen hören lassen, so wäre „ein pfeifendes dü“ sanft zu hören. Ihr Gesang: „Ein sehr gedämpftes Gemisch aus zwitschernden und knarrenden Lauten“. Auch die menschlichen Gimpel sind oft sanfte Menschen, welche die Balance zwischen Nähe und Distanz noch nicht gefunden haben und so den listigen Gimpelfängern leicht zur Beute werden.
Es war der Gimpelbaum ein Sommertraum, mit Lust zu schaun.

II. GARTEN - KUNST

Teppichlegende

Für Maria Husag-Katona

Ich gehe in den Teppich
wie durch eine Wand
und weiß mich auf dem Weg
zur Mitte,
über die Schwelle in ein neues Land
tragen mich lautlos
tastend meine Schritte.

Drei Häuser im Garten

I

Castrum Peregrini, Jonas Laubhütte und das Traumhaus

Dans notre maison de rêve
nous habitons ensemble
- Martyrise et moi –
dans la ville somnolente
et somnambule.
Nous sommes des fugitifs
cherchants des traces d' espoir.

(In unserem Traumhaus
leben wir miteinander
- sie, die Geplagte, und ich –
in der Stadt voller Schläfrigkeit,
die nachtwandeln läßt.
Wir sind Flüchtige
und suchen Spuren der Hoffnung.)

„Castrum Peregrini" – Haus des Fremden, Burg für den Fremdling – so nannten einst Kreuzfahrer ihre Burg bei Haifa. Viel später, während des Zweiten Weltkriegs, bekam ein altes Amsterdamer Grachtenhaus diesen Namen; als Versteck für aus rassenideologischen Gründen verfolgte junge Deutsche und Niederländer, für die es zur abgeschiedenen Burg der Rettung wurde. Wenn ich meiner Behausung am Hang in Völkersbach den Namen „Castrum Peregrini" gegeben habe, so verbindet sich für mich damit die Vorstellung von einladender Offenheit wie auch von Geborgenheit – „etwas, das allen in die

Kindheit scheint und worin noch niemand war: Heimat.“ (Ernst Bloch)
„Castrum Peregrini“ – das läßt mich an die biblische Hoffnung denken: „Wir haben hier keine bleibende Heimatstadt. Wir suchen vielmehr die zukünftige.“ (Hebräer 13,14) So bin ich „ständig gefaßt auf Unheilsblitze, Fremdling im eigenen Haus“, wie es mein Freund Nisametdin Achmetow ausgedrückt hat.
Der Garten umgibt nicht nur „Castrum Peregrini“, das Haus. Im Garten steht auch eine kleine, vielfenstrige, achteckige Hütte, „Jonas Laubhütte“. Ihr Name erinnert an eine Überlieferung aus dem Buch Jona (4,5). Den Weg, der von der Straße hinauf durch den Garten zwischen der Nordseite des Hauses und dem „Schlößle-Park“ zu „Jonas Laubhütte“ führt, nannte ich „Judensteige“, zur Erinnerung an einst geachtete und dann verfolgte Mitbürgerinnen und Mitbürger.
„Castrum Peregrini“ und „Jonas Laubhütte“ stehen für mich in einer ähnlichen Beziehung zueinander wie für die Markgräfin Sibylla Augusta von Baden-Baden (1675-1733) ihr Schloß Favorite in Rastatt-Förch und die kleine Eremitage als zwei Aufenthaltsmöglichkeiten in einem großen Park sich ergänzten. –
Vor einem Jahr sah ich in einer Ausstellung Werke von Katrin Moser (München) wie „maison de rêve“ (Traumhaus) und ein Werk aus ihrem Zyklus „Zustände“, dem ich den Namen „Martyrise“ (die Geplagte) gegeben habe. Diese Werke faszinierten mich, und sie bestärkten mich in meiner Überzeugung, daß auch in der Begeg-

nung mit einem Kunstwerk Auferstehungserfahrungen möglich werden können. Seither ersteht – unsichtbar für andere – vor meinem inneren Auge in meinem Garten zwischen „Castrum Peregrini" und „Jonas Laubhütte" immer wieder Katrin Mosers „maison de rêve" und ermutigt mich, der Wirklichkeit des Traumes in meinem Garten Raum zu geben.

II

Ein Traum vom Paradies

- Ein Gespräch in Briefen -

Hesekiel 36, 26

Birger Sellin:

und richtig reden lerne ich nicht
weil reden zu wertvoll ist
und ich bin es nicht wert zu reden
ich kann es nicht lernen
weil ich einfach unsinn reden würde
(11. 8. 91)

Frieder K.:

reden
nein
überhaupt nicht
oder nur wenig
warum
weil reden
zu wertvoll ist
und ich es

nicht wert bin
zu reden
oder vielleicht doch

bin ich es
vielleicht doch wert
zu reden

(Juli/August 92)

Birger Sellin:

was ich sicher will ist reden wie ein
gewöhnlicher mensch
worüber ich mich freue das gedicht
und ich dichte ganz innen in mir weiter
zeile für zeile
unser gedicht wird ein loblied tausend
siegesworte
weil ein steinerwesen umgewandelt
wurde in ein fühlendes menschliches
wesen
ich finde keine worte um ihnen zu sagen
wie mich ihr brief gefreut hat
seien sie herzlich gegrüßt
von einem der lernen will
ein einfacher mensch zu werden

(10. 8.92)

Frieder K.:

frühstück im freien

für birger sellin

herzen aus stein
tränen aus glas
stellen sich ein
frühstück im gras
der kerker entriegelt
narzissus entspiegelt

und wer sich vergaß
im stein und im glas
wird lagern im gras

(6. 9. 93)

Dieses Gespräch in Briefen, das ich in den Jahren 1991-1993 zusammen mit Birger Sellin, einem Autisten, führen durfte, ist für mich wie ein Traum vom Paradies, geträumt im Traumhaus meines Gartens.

*Katrin Moser, „maison de rêve“ (Traumhaus),*2000

Ehrfurcht vor dem Leben

„Hier ruht in Frieden“ –
wer hier ruht, fragst du.
Im Garten auf dem Kreuz
fehlen die Namen.
Wer ruht in Frieden hier?
Hier ruht in Frieden
Vogel, Schlange, Fisch,
die hier gelebt,
gestorben und begraben.
Sie mögen ruhn in Frieden,
das ist Wunsch und Hoffnung.
So für die Mitgeschöpfe
mitzuhoffen, mitzuwünschen,
das ist viel. Gemeinsam
sind wir alle unterwegs.

Ritter, Tod und Teufel am Ziel

Ein Märchen

Für Reinhilt Michaelis
und Stephan Blinn

Ritter, Tod und Teufel
trafen sich ohne Zweifel
in einer Pause im Foyer,
erfrischten sich im Séparée –
der Tod erzählte leise
von seiner letzten Reise,
der Teufel, aufgerieben,
vom Plan, sich zu verlieben,
der Ritter, groß auf kleinem Tier,
beichtete ernst durch sein Visier.

Sie haben sich geschunden,
ihr Leben – voller Wunden;
sie haben sich gefunden,
nun bleiben sie verbunden.

Es kennt, dank Dürer, sie die Welt.
Das Kleeblatt mir gar gut gefällt,
von Michaelis vorgestellt –
drum hab' ich mich dazugesellt.

Gemeinsam ruhen wir nun aus
in einem Garten hinterm Haus.

Reinhilt Michaelis: Ritter, Tod und Teufel, 2001

III. VON GÄRTNERN UND GÄRTNERINNEN

Vom großen Gärtner und zwei Gärtnerinnen in seinen Diensten

Für Schwester Laura, Schwester Sylvia und die Kinder des Kindergartens „Regenbogen"

„Wie schön bist du, mein Freund, wie ansprechend . . ."
„Wie schön bist du! Meine Freundin, du bist schön! . . . Meine Freundin, du bist ein verschlossener Garten, eine heimliche Quelle."
„Mein Freund, komm doch in deinen Garten und koste von den herrlichen Früchten."

Aus dem Hohelied Salomos

Spuren des „großen Gärtners" und seines Gartens, wie ihn Emil Nolde einprägsam gestaltet hat, gibt es im Alten Testament besonders in zwei betrachtenswerten Zusammenhängen; in den urgeschichtlichen Überlieferungen vom „Garten in Eden" (1.Mose 2,8), von Adam und Eva, Kain und Abel (1.Mose 2,4 b-4,16) – und im „Lied der Lieder", das auch das „Hohelied Salomos" genannt wird. In ihm werden Freund und Freundin einander zum Garten.
Hoffnung spendend finden sich immer wieder Spuren vom „Garten in Eden" in unserer Welt.

(Jesaia 51,3; Jeremia 31,12) „Dies Land war verheert, und jetzt ist' s wie der Garten Eden." (Hesekiel 36,35)

„. . . Wenn du in deiner Mitte niemand unterjochst und nicht mit Fingern zeigst und nicht übel redest, sondern den Hungrigen dein Herz finden läßt und den Elenden sättigst, dann wird dein Licht in der Finsternis aufgehen . . . und du wirst sein wie ein bewässerter Garten . . ." (Jesaia 58, 1-12)

Es ist uns Menschen möglich, mitzuwirken bei der Gestaltung der Erde als eines gesegneten Gartens – es ist uns nicht nur möglich, zu verwüsten.

Einmal wird im Neuen Testament von Jesus als dem Gärtner gesprochen – als Maria Magdalena ihn bei einer Begegnung nach der Kreuzigung zunächst nicht erkennt. (Johannes 20,15) Für diesen Gärtner hat ein Garten entscheidende Bedeutung bekommen: „Gethsemane". (Markus 14, 32)

Was vom Umgang Jesu – einer Verkörperung des „großen Gärtners" – mit Kindern überliefert ist (Markus 10,13-16 parr; Markus 9,33-37 parr), seine an uns gerichtete Ermutigung „Werdet wie die Kinder!" (Matthäus 18,2), das läßt mich ihn verstehen als den großen Kindergärtner, in dessen Fußstapfen zwei Kindergärtnerinnen, des Erinnerns wert, getreten sind: Schwester Laura (Laura Seibert, evangelisch) und Schwester Sylvia (Rosa Feuerer, katholisch).

Als ich Schwester Laura kennenlernte, war sie 75 Jahre alt; im Alter von 90 Jahren ist sie gestorben. Sie hat mir viel erzählt aus ihrem Leben. In den Jahren zwischen 1933 und 1945 wollte der Ortsbauernführer sie – als die Kindererziehende im Dorf – zum Eintritt in die Partei bewegen.

Schwester Laura erbat sich Bedenkzeit und antwortete dann: „Ihr wißt, daß ich ganz für eure Kinder da bin. Und ihr wißt, daß ich diese meine Arbeit ernst nehme. Sie fordert – oft bis spät in die Nacht – vorbereitend und nachbereitend zusammen mit der Zeit, in der eure Kinder um mich sind, all meine Kraft. Würde ich der Partei beitreten, so sähe ich mich verpflichtet, auch diese ernst zu nehmen. Ich müßte eure Versammlungen besuchen und mich intensiv mit Politik beschäftigen. Woher dazu die Zeit nehmen? Meine Arbeit mit euren Kindern müßte unter meinem Eintritt in die Partei leiden."
„Gut, Schwester, wir verstehen Sie. Seien Sie weiterhin da für unsere Kinder wie bisher." Dies ließen die Bauern die Schwester wissen. Und so blieb es bis zum Kriegsende.-
Gerne dachte sie auch an ihre Zeit als junge Schwester zurück, als sie vom Mutterhaus Bethlehem ausgeliehen worden war an einen sozial wachen, reichen Juden in Frankfurt. Sie sollte ihm beim Aufbau eines jüdischen Kindergartens helfen. Und nie mehr, so schwärmte sie, standen mir in meiner späteren Arbeit so problemlos all die Mittel zur Verfügung, die ich für die Arbeit mit den Kindern brauchte. –
Schwester Sylvia, 1912 geboren, lebt seit 1992 im Kloster Maria Hilf in Bühl. 56 Jahre ihres Lebens (1936-1992) war sie in der Schwesternstation in Völkersbach gleichsam der ruhende Pol in der Erscheinungen Flucht. Was der Lehrer Egon Koch, sich an Schwester Sylvia und ihre Jahre in Völkersbach erinnernd, festgehalten hat, das hat mich so beeindruckt, daß ich hier gerne mein „gereimtes Echo" anfüge:

Stets neu begnadet mit Energie,
verzagte Schwester Sylvia nie.
Mit einem Feuergeist beschenkt,
den Kindergarten sie gelenkt.
Die Kinder konnten spielend sich entfalten –
sie durften manches Krippenspiel gestalten.
Spontan war sie, intuitiv
half sie, wenn man nach Hilfe rief.
An Gütern arm,
dass Gott erbarm',
macht' sie zugleich
doch viele reich.
Sie half beim Schneidern
von vielen Kleidern.
Und hör' ich Flötentöne heut',
denk' ich, sie bracht' unter die Leut'
einst, dieses Instrument zu lieben,
sich bis zum Künstler hochzuüben.
Sie leitete den Kirchenchor,
orgelte der Gemeinde vor.
War' s auf der Orgelbank mal kalt,
trug Handschuh – fingerfrei – sie halt.
Oft flog sie hoch beim Glockenläuten –
Ihr Kleid sich fallschirmgleich tat weiten.
Geschmückt ward stets der Maialtar,
so dass es eine Freude war.
Vor Jahren ist sie weggezogen –
geblieben ist der „Regenbogen".
Ihr Temperament noch immer glüht und sprüht,
noch immer freut sie sich des Lebens, nimmer-
müd.
Den Völkersbachern hat sie viel gebracht –
sie sei gesegnet Tag und Nacht.

Vom „Gärtner, der für Gott das Feld betreut“

Ich hinterlasse eine Handvoll Gedichte. Einige davon sind für den lieben Gott geschrieben. Hoffentlich nimmt ER sie an und läßt mich mit ihnen weiterleben.

Helmut Schoepke (1995)

In der Nacht vom 10. zum 11. Dezember 1942 starb Jochen Klepper - deutsch, Nichtjude, evangelischer Theologe und Schriftsteller - zusammen mit seiner Frau Hanni, geborene Gerstel, verwitwete Stein - deutsch, Jüdin - und deren Tochter Renate Stein - deutsch, Jüdin -. Er wurde von den damals in Deutschland Herrschenden zusammen mit seiner jüdischen Familie in den Tod getrieben. Sie wollten lieber in die Hände des lebendigen Gottes fallen als in die Hände der Menschen, die damals in Deutschland herrschten.
Ein halbes Jahrhundert später - längst hatte ich mich mit Jochen Kleppers Leben und Werk intensiv vertraut gemacht - lernte ich den wie sein Freund Jochen Klepper 1903 geborenen Buchhändler und Verleger Helmut Schoepke kennen. Er erzählte mir, daß er wenige Tage nach dem 11. Dezember 1942 Heimaturlaub bekommen hatte. Als er, am Bahnhof abgeholt, vom Tod der Familie Klepper erfuhr, brach ein Aufschrei aus dem Soldaten heraus: „Ich will Adolf Hitler ermorden!“ schrie der Uniformierte

inmitten der Menge. Aber keiner tat, als habe er es gehört. „Ich aber höre mich noch immer schreien“ – mit diesen Worten brach Helmut Schoepke mir gegenüber seinen Bericht ab. – Unter seinen Gedichten, die Helmut Schoepke mir anvertraut hat, ist auch das Gedicht „Dem stummen Bruder“, in dem der Tod als Gärtner begegnet, „der für Gott das Feld betreut“:

O Tod, du stummer Bruder aus der andern Welt!
O Tod du fremder Bote! Doch mir zugesellt
vom ersten Lebenstage bis zum letzten Tag:
Bleib' mir in Freundschaft nahe, auch wenn ich verzag'!

Ich bin nun alt - und doch dem Leben zugetan.
Gott gab es mir zum Lehen.. Es ist kein leerer Wahn!
Ich lebte es in Liebe, Lust, Verzicht und Schuld.
Gott sah mir zu und hatte mit mir viel Geduld.

Wenn nun die reife Frucht im Herbst zur Erde fällt,
so trau' ich doch: sie ist von ihm zur Saat bestellt.
Du bist der Gärtner, der für Gott das Feld betreut.
So komm! Zum neuen Leben werd' ich ausgestreut.

Komm, Freund und Bote!

Rainer Maria Rilke spricht in der 6. Duineser Elegie vom „gärtnernden Tod“.

Zuletzt ein Abschied wie ein großer Weidewechsel

Das letzte Gespräch einer Mutter mit einem Sohn im Herbst 1989 erinnere ich wie einen Wechsel aus einem bekannten Garten in einen noch weithin unbekannten Garten, wie einen großen Weidewechsel.
1927 hatte sie in einem Brief an einen Freund gleichsam eine Lebensmaxime gereimt:
„Prüf' nicht zu gründlich nach, was gut dran ist, was schlecht; ich tat halt, was ich konnte, und hoff', daß es so recht." –

Das letzte Gespräch:

Sie: „... Anfang und Ende ..."

Er: „Wie heißt es am Anfang der Märchen?"

„Es war einmal ..."

„Und wie heißt es am Ende?"

„Und wenn sie nicht gestorben sind ... wir sind zwischendrin ... aufgeschweißt, aufgeschweißt ... Es ist wie im Märchen ..."

„Und du bist die Märchenprinzessin."

„ ... Zauberei ..."

„Ein Zauberteppich."

„... unwillkürlich wirklich, unwirklich wirklich ... so löst sich eins ins andere ... wo hängen wir denn jetzt an ..."

„Kürzlich sprach ein Schüler zu mir in Versen von seinem Abitur. ‚Noch drei Sekunden bis ans End', dann fall' ich halt in neue Händ'.' "

„... wenn das Ende ist wie der Anfang, soll mir' s recht sein."

Hilfen fürs Spurenlesen

Zu den Texten:

Seite 8:

Charlotte Salomon, besonders bekannt geworden durch ihr Hauptwerk „Leben? Oder Theater?“, wurde zusammen mit ihrem Ehemann am 24. September 1943 von Nizza nach Drancy, am 7. Oktober 1943 von Drancy nach Auschwitz deportiert, wo sie am 10. Oktober 1943 eintrafen. „Da Charlotte Salomon schwanger ist, wird sie sofort ermordet.“ (Astrid Schmetterling, Charlotte Salomon, 1917-1943, Bilder eines Lebens, 2001, S.76)

Seite 10:

„Der alte Garten mein“ – diese Zeile ist gewählt aus dem in der Erzählung „Eine Meerfahrt“ von Joseph Freiherr von Eichendorff zu findenden Gedicht „Meeresstille“:

Ich seh von des Schiffes Rande
Tief in die Flut hinein:
Gebirge und grüne Lande,
Der alte Garten mein,
Die Heimat im Meeresgrunde,
Wie ich’ s oft im Traum mir gedacht,
Das dämmert alles da drunten
Als wie eine prächtige Nacht . . .

Seite 11:

Diese Texte wurden angeregt durch den folgenden Text von Jochen Klepper:

Ohne Gott bin ich ein Fisch am Strand,
ohne Gott ein Tropfen in der Glut,
ohne Gott bin ich ein Gras im Sand
und ein Vogel, dessen Schwinge ruht.
Wenn mich Gott bei meinem Namen ruft,
bin ich Wasser, Feuer, Erde, Luft.

Seite 48 f:
Dieser Text wurde angeregt durch den Text „Triptychon“ (3.Dilsberg) in: „Als ich mich nach dir verzehrte“ (S.25) von Erich Fried (Oktober 1990)

Seiten 64-66:
Zu Birger Sellin: birger sellin, ich will kein inmich mehr sein (botschaften aus einem autistischen kerker) 1993 – Die zitierten Texte vom 11.8.91 und vom 10.8.92 finden sich in diesem Buch.

Seiten 68 f:
Mit „Ritter, Tod und Teufel“ entstand 1513 einer der bedeutendsten Kupferstiche Albrecht Dürers. Höchst eigenwillig hat 2001 Reinhilt Michaelis „Ritter, Tod und Teufel“ nachempfunden. Ihre drei Gestalten zogen bei mir ein und standen während des Sommers bisweilen auch im Garten. In dieser Zeit entstand der Text „Ritter, Tod und Teufel am Ziel“.

Zu den Bildern:

S.10: Malve
S.12: Emil Wachter, „Frühling!“, 2001
S.19: Ein Werk von HAP Grieshaber
S.38: Dieter Schwerda, HERBST ZEIT LESEN 1986
S.52: Cornelia Friedrich, „Das kleine Haus unter Bäumen am See . . .“ (B.Brecht)
S.60: Dieser Teppich ist ein Werk von Maria Husag-Katona.
S.67: Ein Totenbrett aus Hessen

Spuren im Garten
– Spuren ins Freie

      NEVERMORE
      E   R
      V   ASHORE
      E   M
    FOREVER ASHORE
      M   E
     FOREVER V
      R   E
      EROMREVEN

In „Spuren im Garten“ spiegeln sich Erfahrungen, die es mir nahegelegt haben, sie im Vorstellungsraum des „Gartens“ anzusiedeln, die aber darüber hinaus ins Freie streben.
Verbunden mit „Nachtmeerfahrt“ (erschienen 1999 im Frieling Verlag, Berlin) und „Weltenfahrt“ (erschienen 2000/2001 im Arnim Otto Verlag, Offenbach a.M.) fügt sich „Spuren im Garten“ nun gleichsam zu einem Triptychon zusammen.

Castrum Peregrini / Jonas Laubhütte,
am 29. September 2001, dem Tag des Flüchtlings